Inhaltsverzeichnis

AF202576

Malnehmen

1

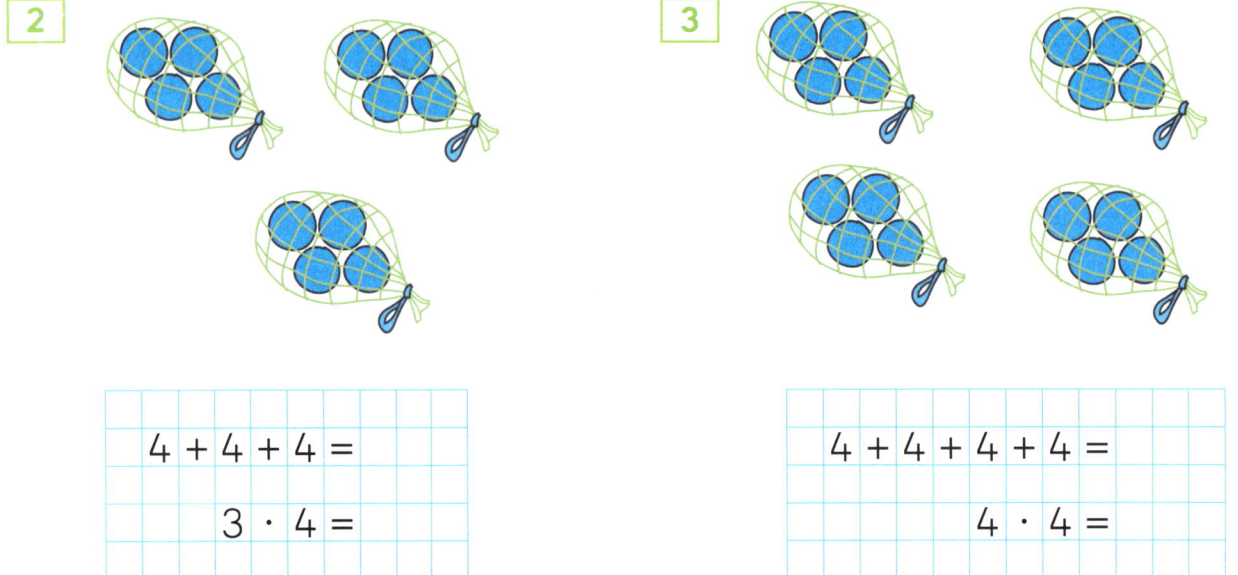

2

$$4 + 4 + 4 =$$

$$3 \cdot 4 =$$

3

$$4 + 4 + 4 + 4 =$$

$$4 \cdot 4 =$$

1 Zum Bild erzählen. Plus- und Malaufgaben entdecken.

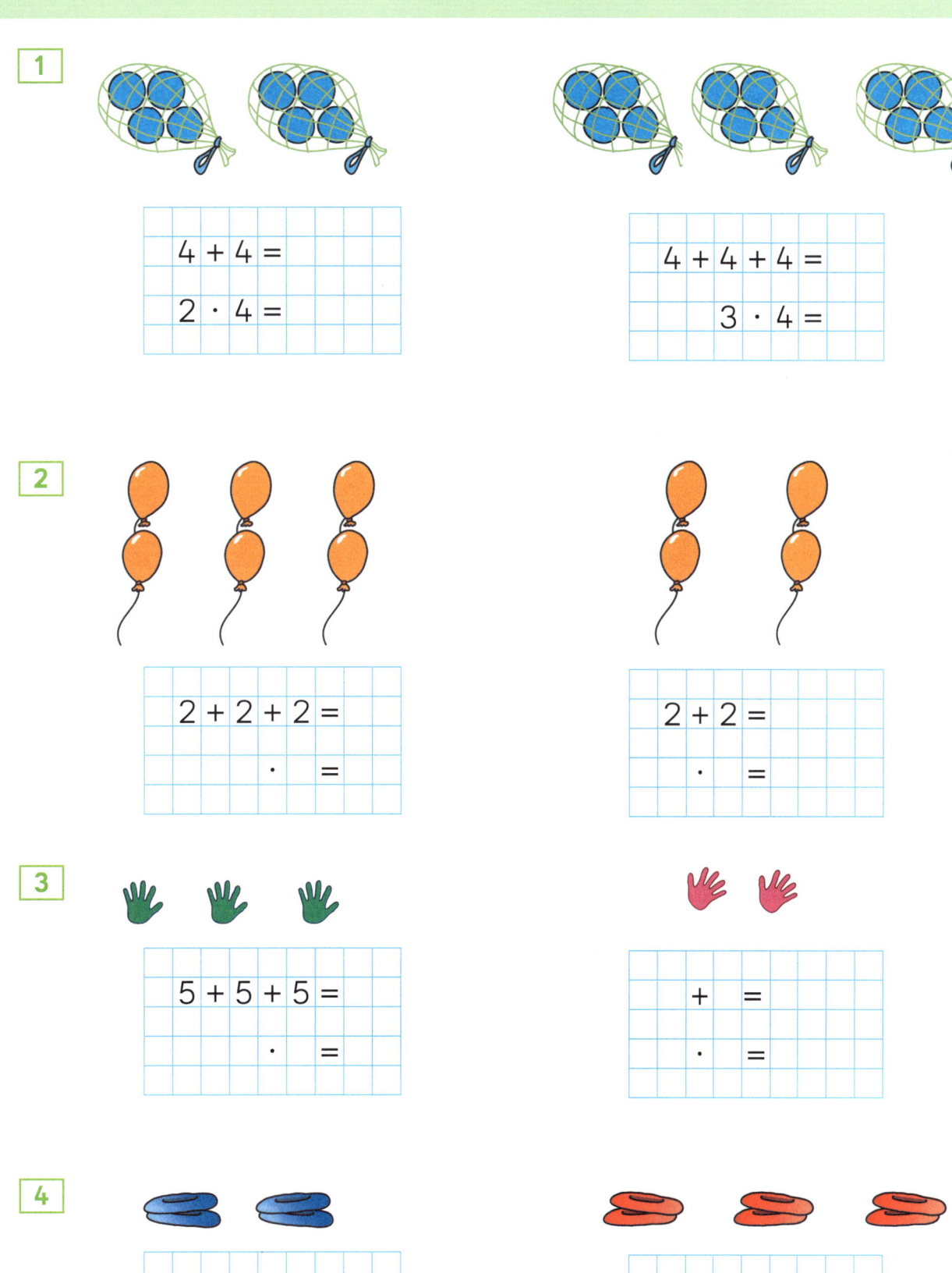

1

4 + 4 =

2 · 4 =

4 + 4 + 4 =

3 · 4 =

2

2 + 2 + 2 =

· =

2 + 2 =

· =

3

5 + 5 + 5 =

· =

+ =

· =

4

2 + 2 =

· =

+ + =

· =

5 Male eigene Aufgaben in dein Heft. Schreibe die Plus-
und die Malaufgabe dazu.

1 bis 4 Zu jedem Bild die Plus- und die Malaufgabe schreiben.

Schreibe die Plusaufgabe und die Malaufgabe.

1

$$2 + 2 + 2 =$$

$$\cdot \quad =$$

2

3

4

5

6

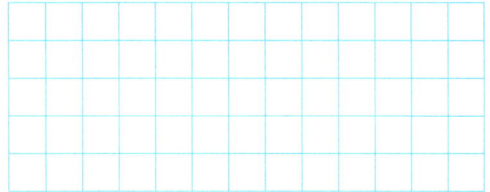

Schreibe die Plusaufgabe und die Malaufgabe.

1

2

3

4

5

6

Male Bilder zu den Aufgaben.

1 a)
$2 \cdot 3 =$ _____

b)
$5 \cdot 3 =$ _____

2 a)
$3 \cdot 4 =$ _____

b)
$5 \cdot 4 =$ _____

3 a)
$4 \cdot 6 =$ _____

b)
$2 \cdot 6 =$ _____

4 a)
$2 \cdot 8 =$ _____

b)
$4 \cdot 8 =$ _____

1 Schreibe zu jedem Punktefeld eine Malaufgabe und löse sie.

a)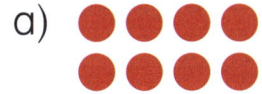

b)

c)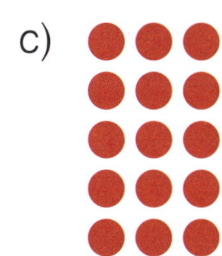

_____ · _____ = _____

_____ · _____ = _____

_____ · _____ = _____

d)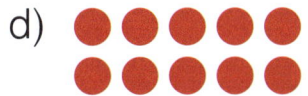

e)

f)

_____ · _____ = _____

_____ · _____ = _____

_____ · _____ = _____

g)

h)

i)

_____ · _____ = _____

_____ · _____ = _____

_____ · _____ = _____

2 Zeichne zu jeder Aufgabe ein Punktefeld und rechne aus.

a) 3 · 2 = _____

b) 4 · 3 = _____

c) 5 · 4 = _____

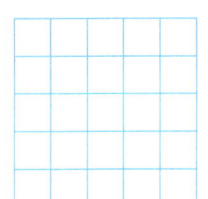

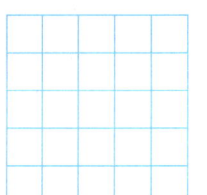

d) 6 · 4 = _____

e) 7 · 5 = _____

f) 8 · 3 = _____

1

$$4 \cdot 3 = 12$$
$$3 \cdot 4 = 12$$

2   Schreibe Aufgabe und Tauschaufgabe.

a)

_____

_____

b)

_____

_____

3   a)

_____

_____

b)
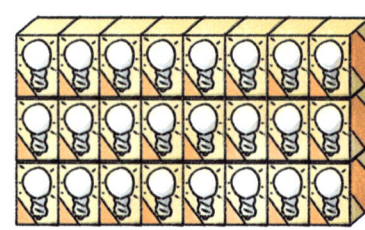

_____

_____

4   a)

_____

_____

b)

_____

_____

1

$$2 \cdot 4 = \underline{\qquad}$$
$$4 \cdot 2 = \underline{\qquad}$$

2 Kreise ein, schreibe zu jedem Punktefeld Aufgabe und Tauschaufgabe.

a)

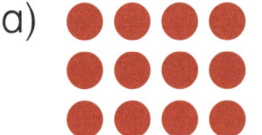

$$3 \cdot 4 = \underline{\qquad}$$
$$4 \cdot 3 \underline{\qquad}$$

b)

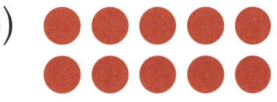

$$\underline{\qquad}$$
$$\underline{\qquad}$$

c)

$$\underline{\qquad}$$
$$\underline{\qquad}$$

3 a)

$$\underline{\qquad}$$
$$\underline{\qquad}$$

b)

$$\underline{\qquad}$$
$$\underline{\qquad}$$

c)

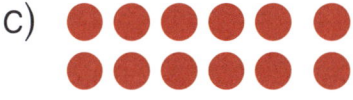

$$\underline{\qquad}$$
$$\underline{\qquad}$$

4 a)

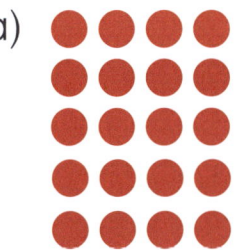

$$\underline{\qquad}$$
$$\underline{\qquad}$$

b)

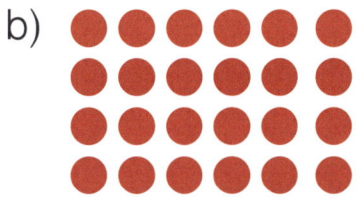

$$\underline{\qquad}$$
$$\underline{\qquad}$$

c)

$$\underline{\qquad}$$
$$\underline{\qquad}$$

2 bis 4 Gegebenenfalls mit rotem und blauem Stift einkreisen.

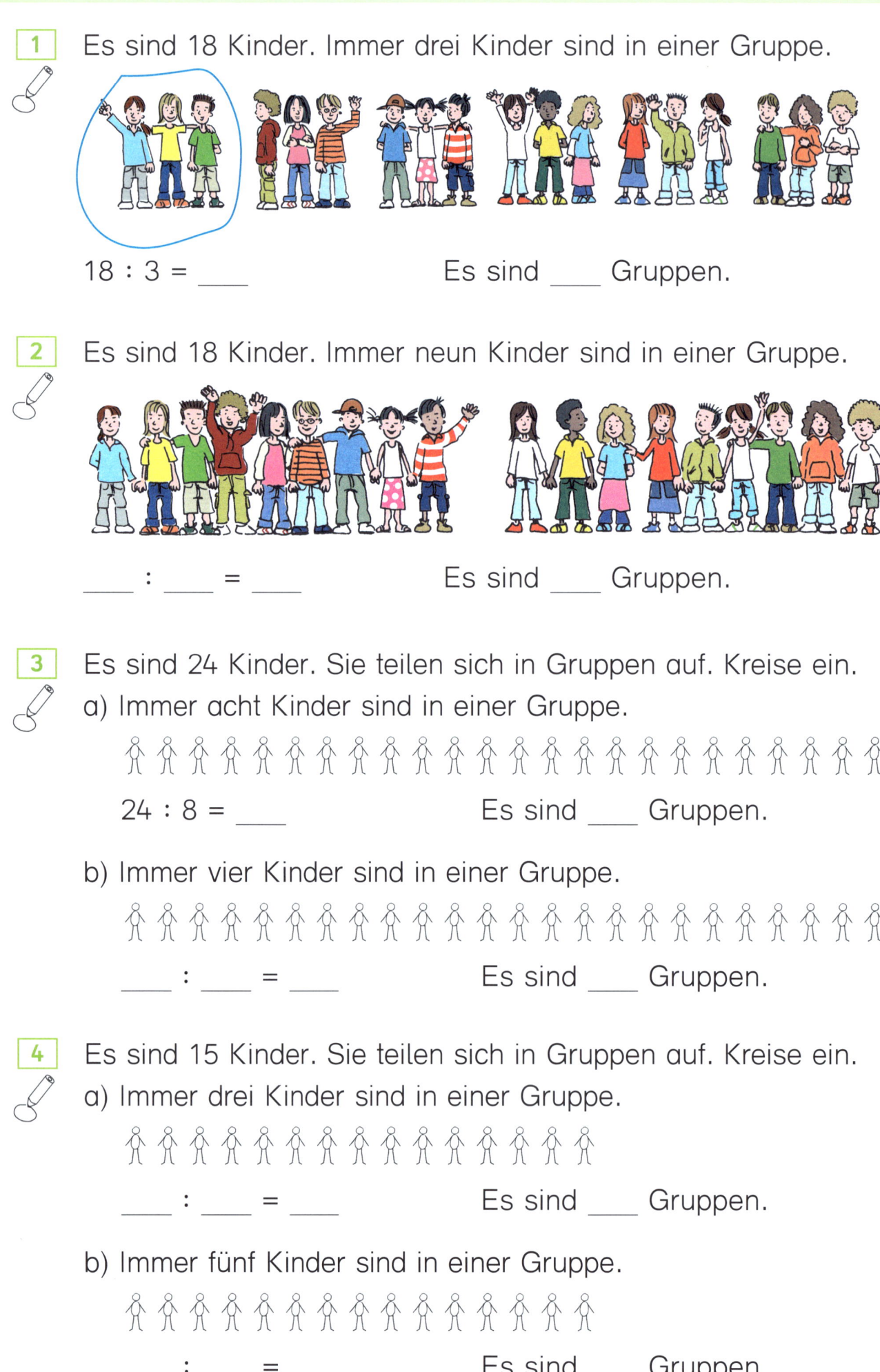

1 Es sind 18 Kinder. Immer drei Kinder sind in einer Gruppe.

18 : 3 = ____   Es sind ____ Gruppen.

2 Es sind 18 Kinder. Immer neun Kinder sind in einer Gruppe.

____ : ____ = ____   Es sind ____ Gruppen.

3 Es sind 24 Kinder. Sie teilen sich in Gruppen auf. Kreise ein.

a) Immer acht Kinder sind in einer Gruppe.

24 : 8 = ____   Es sind ____ Gruppen.

b) Immer vier Kinder sind in einer Gruppe.

____ : ____ = ____   Es sind ____ Gruppen.

4 Es sind 15 Kinder. Sie teilen sich in Gruppen auf. Kreise ein.

a) Immer drei Kinder sind in einer Gruppe.

____ : ____ = ____   Es sind ____ Gruppen.

b) Immer fünf Kinder sind in einer Gruppe.

____ : ____ = ____   Es sind ____ Gruppen.

1 Es sind 20 Äpfel. Immer fünf Äpfel sind in einem Netz.

Es sind ____ Netze.

Hier siehst du eine Geteiltaufgabe und eine Malaufgabe.

20 : 5 = ____, denn ____ · 5 = 20.

2 Es sind 15 Äpfel. Immer drei Äpfel in ein Netz.

15 : 3 = ____, denn ____ · 3 = 15. Es sind ____ Netze.

3 Es sind 18 Plättchen, immer drei Plättchen in einer Gruppe.

18 : 3 = ____, denn ____ · ____ = ____. Es sind ____ Gruppen.

4 Es sind 24 Plättchen, immer drei Plättchen in einer Gruppe.

____ : ____ = ____, denn ____ · ____ = ____.

Es sind ____ Gruppen.

5 Es sind 30 Plättchen, immer fünf Plättchen in einer Gruppe.

____ : ____ = ____, denn ____ · ____ = ____.

Es sind ____ Gruppen.

6 Es sind 30 Plättchen, immer sechs Plättchen in einer Gruppe.

____ : ____ = ____, denn ____ · ____ = ____.

Es sind ____ Gruppen.

1   Verteile die 12 Bonbons an 3 Kinder.

Jeder bekommt __ Bonbons.

12 : 3 = ___, denn ___ · 3 = 12
Jedes Kind bekommt ___ Bonbons.

2   Verteile 12 Bonbons an 2 Kinder.

12 : 2 = ___, denn ___ · 2 = 12
Jedes Kind bekommt ___ Bonbons.

3   Verteile 16 Bonbons an 2 Kinder.

16 : 2 = ___, denn ___ · 2 = 16
Jedes Kind bekommt ___ Bonbons.

4   Verteile 20 Bonbons an 5 Kinder.

20 : 5 = ___, denn ___ · 5 = 20
Jedes Kind bekommt ___ Bonbons.

5   Verteile 24 Bonbons an 4 Kinder.

24 : 4 = ___, denn ___ · 4 = 24
Jedes Kind bekommt ___ Bonbons.

6   Verteile 21 Bonbons an 3 Kinder.

21 : 3 = ___, denn ___ · 3 = 21
Jedes Kind bekommt ___ Bonbons.

Verteile. Zeichne und schreibe die Geteilt- und Malaufgabe auf.

1   a) 20 Plättchen an 4 Kinder   b) 24 Plättchen an 3 Kinder

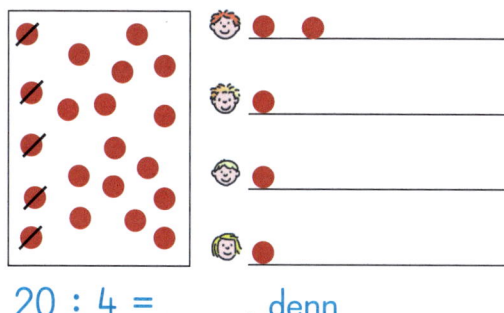 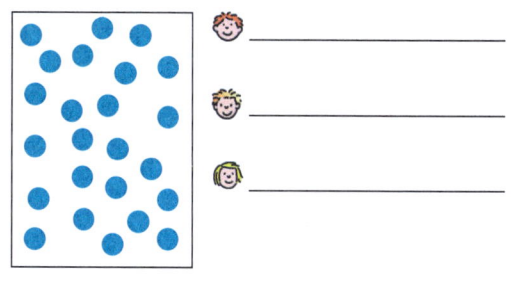

20 : 4 = _____ , denn _____

2   a) 18 Plättchen an 3 Kinder   b) 21 Plättchen an 3 Kinder

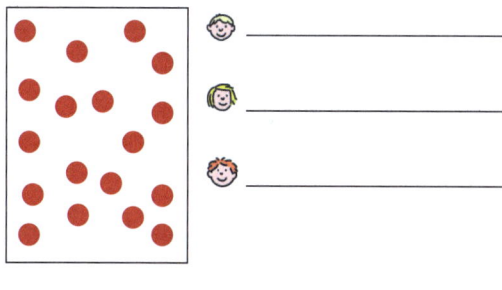 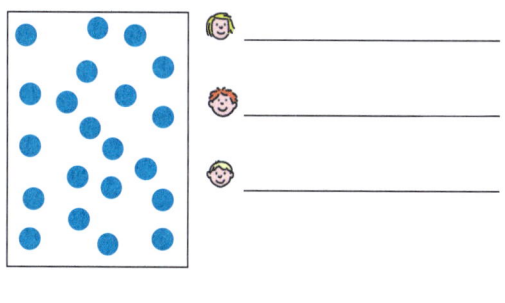

3   a) 15 Plättchen an 5 Kinder   b) 12 Plättchen an 2 Kinder

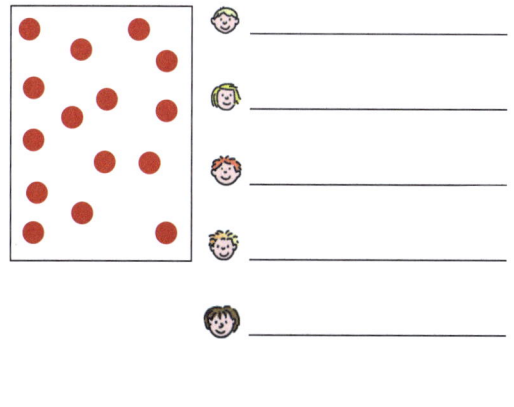 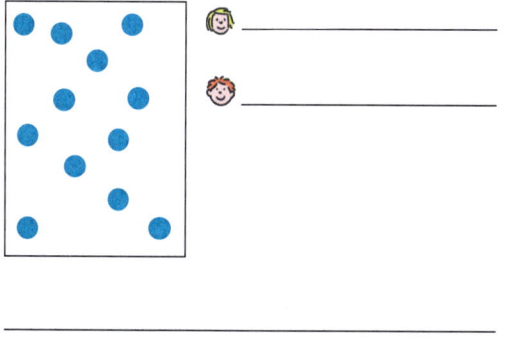

Ich sehe
6 Paar Schuhe.
1 Paar sind
2 Schuhe.

Ich sehe
12 Schuhe.

$$2 + 2 + 2 + 2 + 2 + 2 = 12$$
$$6 \cdot 2 = 12$$

1 a)   b)

$\underline{2 + 2 + 2} =$ _____

_____ . _____

_____

_____

2 a)   b)

_____   _____

_____   _____

3 Wie viele Schuhe sind es?

2 Paare $2 \cdot 2 =$ ___   4 Paare _____

5 Paare ___ $\cdot 2 =$ ___   8 Paare _____

7 Paare _____   9 Paare _____

10 Paare _____   6 Paare _____

3 Paare _____   1 Paar _____

4

Paare	1	2	3	4	5	6	7	8	9	10
Schuhe	2									

5

Paare	3	8		5		10		4	
Schuhe			14		18		2		12	4

3 bis 5 Anzahl der Paare im Bild abdecken, dann Anzahl der Schuhe ermitteln.

1 In 2er-Sprüngen vorwärts.

Schreibe die Zahlen der 2er-Reihe in die Sonnen.

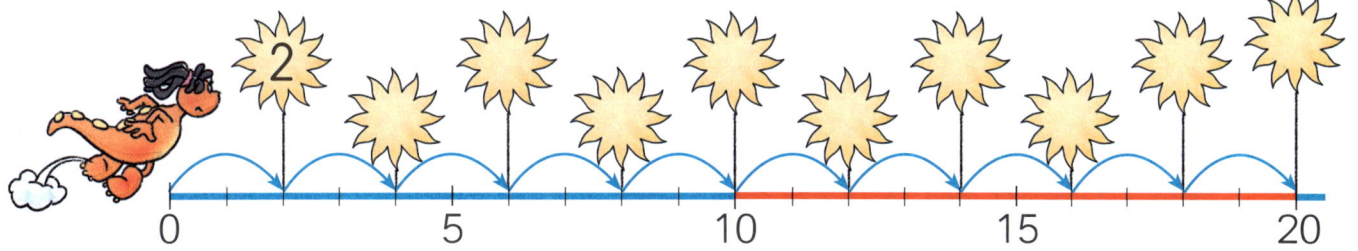

2 Rechne die Malaufgaben aus.

Dann trage die Ergebnisse in die Einmaleins-Tafel ein.

1 · 2 = ____

2 · 2 = ____

3 · 2 = ____

4 · 2 = ____

5 · 2 = ____

6 · 2 = ____

7 · 2 = ____

8 · 2 = ____

9 · 2 = ____

10 · 2 = ____

·	1	2	3	4	5	6	7	8	9	10
1	1	2	3	4	5	6	7	8	9	10
2	2									
3	3									
4	4									
5	5									
6	6									
7	7									
8	8									
9	9									
10	10									

3 Trage auch die Ergebnisse der Tauschaufgaben ein.

4 Wie viele 2er-Sprünge macht Zahline?

a)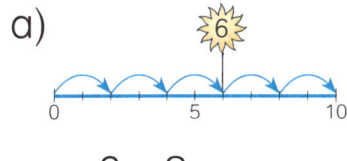

6 : 2 = ____

b)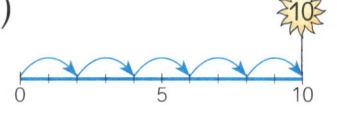

10 : 2 = ____

c)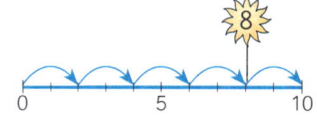

8 : 2 = ____

5

18 : 2 = ____   12 : 2 = ____   4 : 2 = ____   6 : 2 = ____

14 : 2 = ____   20 : 2 = ____   16 : 2 = ____   14 : 2 = ____

10 : 2 = ____   8 : 2 = ____   2 : 2 = ____   12 : 2 = ____

2 Das Eintragen der Ergebnisse in die Einmaleinstafel besprechen. **5** Lösungshilfen: Anzahl der 2er-Sprünge ermitteln; Plättchen konkret verteilen; Punkte zeichnerisch aufteilen.

1 Zahlix kauft viele Sachen ein.

2 Alles doppelt.

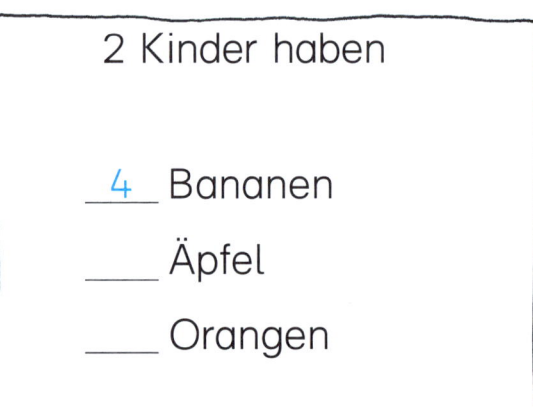

1 Kind hat	2 Kinder haben
___ Bananen	_4_ Bananen
___ Äpfel	___ Äpfel
___ Orangen	___ Orangen

3 Wie heißt die Aufgabe? Löse sie.

Das Doppelte von 4

$2 \cdot 4 =$ _____

Das Doppelte von 10

$2 \cdot$ ___ $=$ _____

Das Doppelte von 8

_____

Das Doppelte von 6

_____

Das Doppelte von 5

_____

Das Doppelte von 7

_____

4 $2 \cdot 3 =$ ___ $2 \cdot 4 =$ ___ $2 \cdot 9 =$ ___ $2 \cdot 7 =$ ___

$2 \cdot 6 =$ ___ $2 \cdot 8 =$ ___ $2 \cdot 10 =$ ___ $2 \cdot 5 =$ ___

1 a)

Die Hälfte von 10 ist ___.

b)

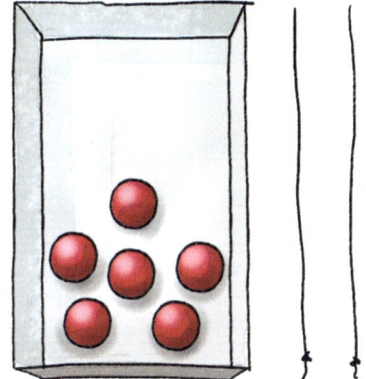

Die Hälfte von 6 ist ___.

2 a)

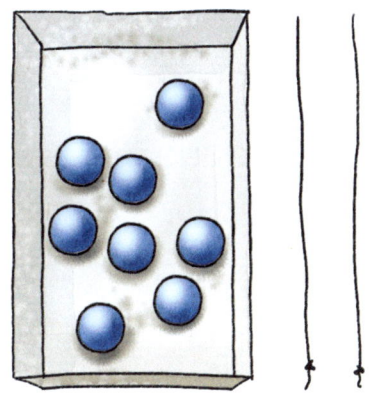

Die Hälfte von 8 ist ___.

b)

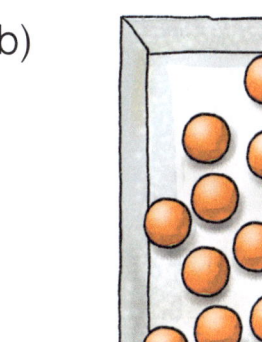

Die Hälfte von 12 ist ___.

3

Zahl	4	6	2	10	12	8	16	20	14	18
die Hälfte										

4 $16 : 2 =$ ___ $18 : 2 =$ ___ $12 : 2 =$ ___ $2 : 2 =$ ___

$20 : 2 =$ ___ $8 : 2 =$ ___ $14 : 2 =$ ___ $0 : 2 =$ ___

1 bis **2** Handlung des Halbierens (Verteilen) konkret durchführen. Perlen durchstreichen und abwechselnd auf die Schnüre zeichnen, dann Lösung aufschreiben.

1   a) 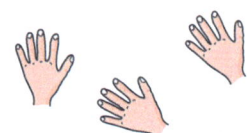   b) 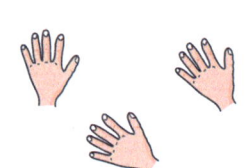   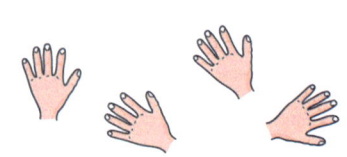

$$5 + 5 + 5 + 5 = 20$$
$$4 \cdot 5 = 20$$

_____

_____   _____

2   a) 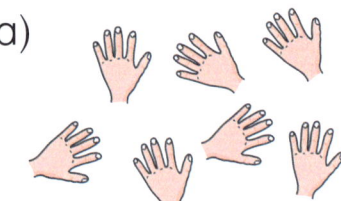   b)    c)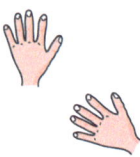

_____   _____   _____

_____   _____   _____

3

Wie viele Finger sind es?

2 Hände $2 \cdot 5 =$ ___   4 Hände   _____

5 Hände   ___ $\cdot$ ___ $=$ ___   9 Hände   _____

7 Hände   _____   10 Hände   _____

4

Hände	1	2	3	4	5	6	7	8	9	10
Finger	5									

5

Hände	4	8		3		2		7		6
Finger			5		45		25		50	

6 $4 \cdot 5 =$ ___ $3 \cdot 5 =$ ___ $6 \cdot 5 =$ ___ $8 \cdot 5 =$ ___

    $8 \cdot 5 =$ ___ $7 \cdot 5 =$ ___ $3 \cdot 5 =$ ___ $2 \cdot 5 =$ ___

    $10 \cdot 5 =$ ___ $9 \cdot 5 =$ ___ $1 \cdot 5 =$ ___ $7 \cdot 5 =$ ___

3 bis 6 Anzahl der Hände im Bild abdecken, dann Anzahl der Finger ermitteln.

1 In 5er-Sprüngen vorwärts.

Schreibe die Zahlen der 5er-Reihe in die Sonnen.

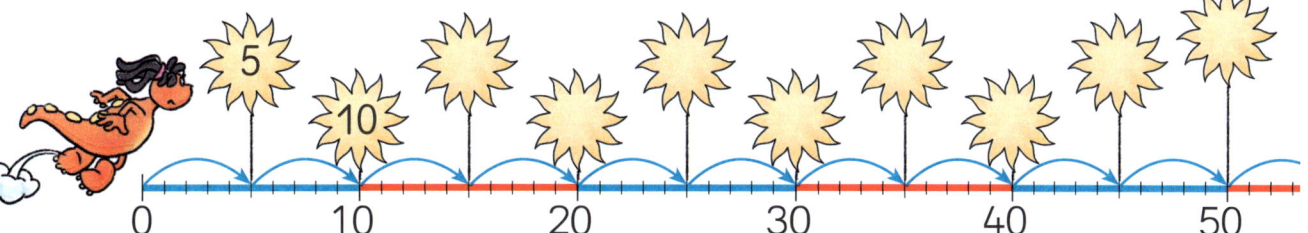

2 Rechne die Malaufgaben aus.

Dann trage die Ergebnisse in die Einmaleins-Tafel ein.

·	1	2	3	4	5	6	7	8	9	10
1	1	2	3	4	5	6	7	8	9	10
2	2	4	6	8	10	12	14	16	18	20
3	3	6								
4	4	8								
5	5	10								
6	6	12								
7	7	14								
8	8	16								
9	9	18								
10	10	20								

1 · 5 = ___

2 · 5 = ___

3 · 5 = ___

4 · 5 = ___

5 · 5 = ___

6 · 5 = ___

7 · 5 = ___

8 · 5 = ___

9 · 5 = ___

10 · 5 = ___

3 Trage auch die Ergebnisse der Tauschaufgaben ein.

4 Wie viele 5er-Sprünge macht Zahline?

a)

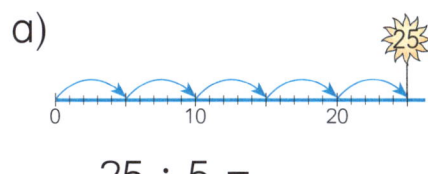

25 : 5 = ___

b)

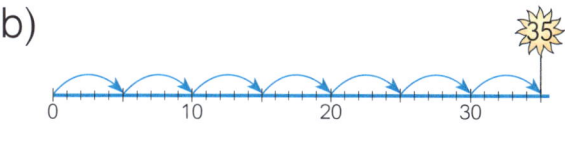

35 : 5 = ___

5 40 : 5 = ___   30 : 5 = ___   50 : 5 = ___   20 : 5 = ___

15 : 5 = ___   45 : 5 = ___   35 : 5 = ___   40 : 5 = ___

25 : 5 = ___   5 : 5 = ___   10 : 5 = ___   15 : 5 = ___

2 Das Eintragen der Ergebnisse in die Einmaleinstafel besprechen. **5** Lösungshilfen: Anzahl der 5er-Sprünge ermitteln; Plättchen konkret verteilen; Punkte zeichnerisch aufteilen.

1 a)

10 + 10 + 10 = 30

3 · 10 = 30

_____

_____

2 a)

b)

_____

_____

3

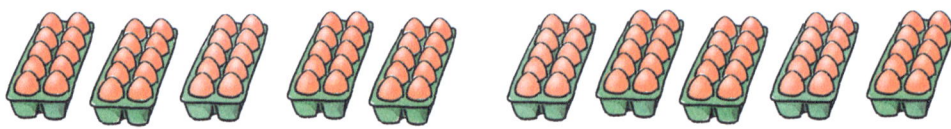

Wie viele Eier sind es?

2 Eierkartons   2 · 10 = _____   7 Eierkartons   _____

5 Eierkartons   _____   2 Eierkartons   _____

9 Eierkartons   _____   6 Eierkartons   _____

4

10er-Eierkartons	1	2	3	4	5	6	7	8	9	10
Eier	10									

5

10er-Eierkartons	5		2	10		8		7		
Eier		30			40		90		60	10

6   4 · 10 = ___   3 · 10 = ___   6 · 10 = ___   10 · 10 = ___

8 · 10 = ___   7 · 10 = ___   5 · 10 = ___   6 · 10 = ___

2 · 10 = ___   9 · 10 = ___   1 · 10 = ___   2 · 10 = ___

3 bis 5 Anzahl der Eierkartons im Bild abdecken, dann Anzahl der Eier ermitteln.

1 In 10er-Sprüngen vorwärts.

Schreibe die Zahlen der 10er-Reihe in die Sonnen.

2

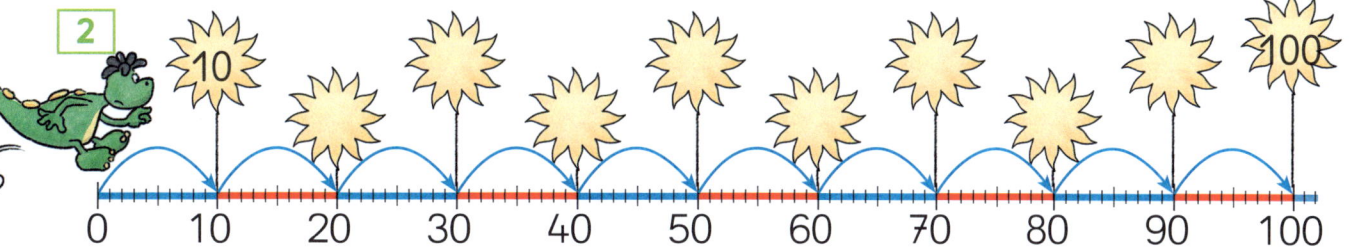

3 Rechne die Malaufgaben aus.

Dann trage die Ergebnisse in die Einmaleins-Tafel ein.

1 · 10 = ＿＿＿

2 · 10 = ＿＿＿

3 · 10 = ＿＿＿

4 · 10 = ＿＿＿

5 · 10 = ＿＿＿

6 · 10 = ＿＿＿

7 · 10 = ＿＿＿

8 · 10 = ＿＿＿

9 · 10 = ＿＿＿

10 · 10 = ＿＿＿

·	1	2	3	4	5	6	7	8	9	10
1	1	2	3	4	5	6	7	8	9	10
2	2	4	6	8	10	12	14	16	18	20
3	3	6			15					
4	4	8			20					
5	5	10	15	20	25	30	35	40	45	50
6	6	12			30					
7	7	14			35					
8	8	16			40					
9	9	18			45					
10	10	20			50					

4 Trage auch die Ergebnisse der Tauschaufgaben ein.

5 Wie viele 10er-Sprünge macht Zahline?

a)

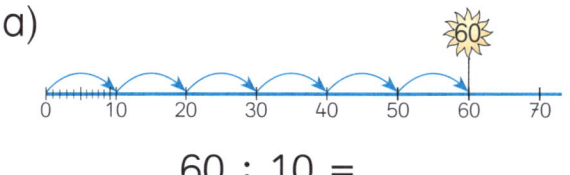

60 : 10 = ＿＿＿

b)

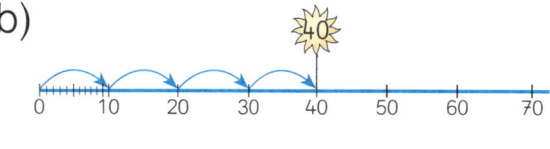

40 : 10 = ＿＿＿

6 100 : 10 = ＿＿＿ 90 : 10 = ＿＿＿ 80 : 10 = ＿＿＿ 40 : 10 = ＿＿＿

70 : 10 = ＿＿＿ 60 : 10 = ＿＿＿ 10 : 10 = ＿＿＿ 70 : 10 = ＿＿＿

20 : 10 = ＿＿＿ 30 : 10 = ＿＿＿ 50 : 10 = ＿＿＿ 90 : 10 = ＿＿＿

2 Das Eintragen der Ergebnisse in die Einmaleinstafel besprechen. 5 Lösungshilfen: Anzahl der 10er-Sprünge ermitteln; Plättchen konkret verteilen; Punkte zeichnerisch aufteilen.

1

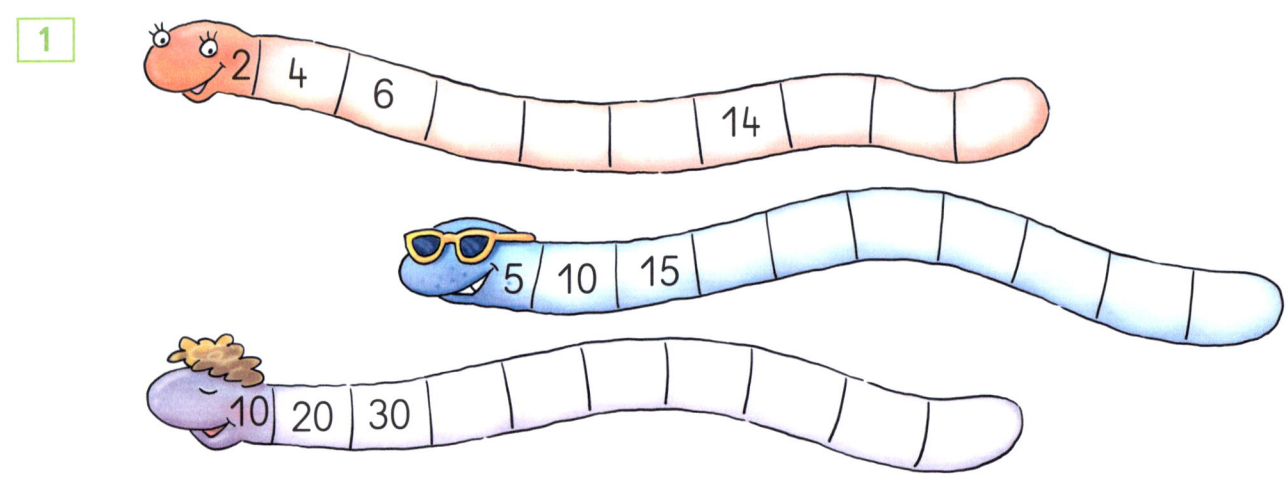

2 a) 4 · 2 = ___   b) 6 · 2 = ___   c) 9 · 2 = ___

   8 · 5 = ___   9 · 5 = ___   7 · 5 = ___

   7 · 10 = ___   4 · 10 = ___   8 · 10 = ___

3 a) 14 : 2 = ___   b) 18 : 2 = ___   c) 10 : 2 = ___

   45 : 5 = ___   35 : 5 = ___   15 : 5 = ___

   80 : 10 = ___   60 : 10 = ___   90 : 10 = ___

4

·	1	2	3	4	5	6	7	8	9	10
1										
2		🔵								▲
3					●					
4										■
5		🟦								
6					●					
7										🟥
8					▲					
9	▲									
10										

Wie heißt die Aufgabe?

🔵 ___ · ___ = ___

▲ ___ · ___ = ___

🟦 ___ · ___ = ___

● ___ · ___ = ___

▲ ___ · ___ = ___

🟥 ___ · ___ = ___

● ___ · ___ = ___

▲ ___ · ___ = ___

■ ___ · ___ = ___

1 Malaufgaben in der Rechentabelle lösen.

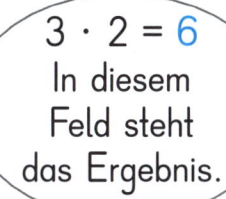

3 · 2 = 6
In diesem Feld steht das Ergebnis.

·	2	5	10
3	6		
7			70

7 · 10 = 70
Ich schreibe die 70 in das passende Feld.

2

·	2	5	10
4			
9			

·	2	5	10
6			
8			

·	2	5	10
3			
7			

3

·	2	5	10
2			
5			

·	7	3	9
5			
10			

·	6	8	4
2			
10			

4

18 : 2 = ___   35 : 5 = ___   100 : 10 = ___   45 : 5 = ___

15 : 5 = ___   14 : 2 = ___   20 : 5 = ___   16 : 2 = ___

80 : 10 = ___   60 : 10 = ___   8 : 2 = ___   70 : 10 = ___

5

: 2	
6	
20	
12	

: 5	
40	
15	
30	

: 10	
30	
70	
60	

: 5	
10	
45	
20	

6

40 = ___ · 5   30 = ___ · 5   20 = ___ · 2   15 = ___ · 5

30 = ___ ·10   50 = ___ ·10   45 = ___ · 5   40 = ___ ·10

10 = ___ · 2   18 = ___ · 2   70 = ___ ·10   16 = ___ · 2

1 Das Eintragen der Ergebnisse in die Rechentabelle besprechen.

1 Schreibe zu jedem Punktefeld die Plusaufgabe und Malaufgabe.

a)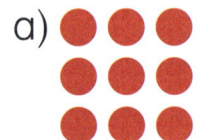

$3 + 3 + 3 =$ _____

_____

b)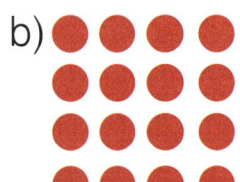

_____

_____

c)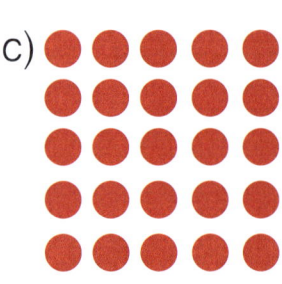

_____

_____

2 a)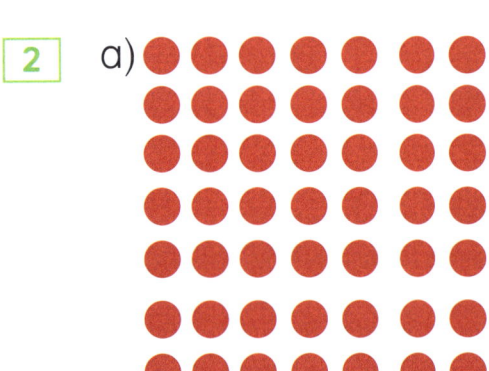

_____

_____

b)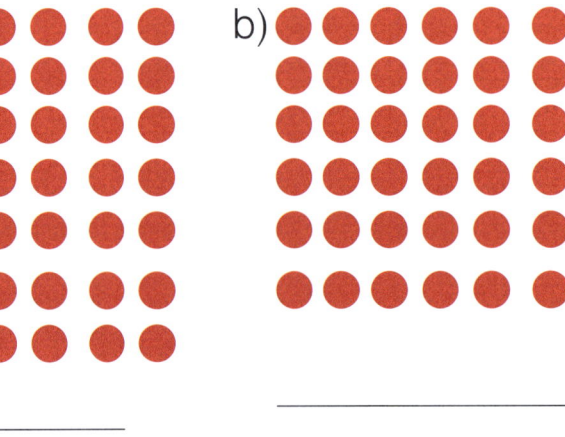

_____

_____

c)

_____

_____

3 Rechne die Malaufgaben aus und trage die Ergebnisse ein.

$1 \cdot 1 =$ ____

$2 \cdot 2 =$ ____

$3 \cdot 3 =$ ____

$4 \cdot 4 =$ ____

$5 \cdot 5 =$ ____

$6 \cdot 6 =$ ____

$7 \cdot 7 =$ ____

$8 \cdot 8 =$ ____

$9 \cdot 9 =$ ____

$10 \cdot 10 =$ ____

·	1	2	3	4	5	6	7	8	9	10
1										
2										
3										
4										
5										
6										
7										
8										
9										
10										

1 · 1 = ____
bellt der Dackel
Heinz.

2 · 2 = ____
pfeift das
Murmeltier.

3 · 3 = ____
Panda kann sich
freu'n.

4 · 4 = ____
Grabi kann das
schlecht seh'n.

5 · 5 = ____
Jumbo frisst sie
und entspannt
sich.

6 · 6 = ____
Biene Maja
rechnet fleißig.

7 · 7 = ____
Das Huhn meint
fünfzig, doch es irrt
sich.

8 · 8 = ____
merkt Piccolo,
der Specht, sich.

9 · 9 = ____
denkt der Uhu
in der Nacht sich.

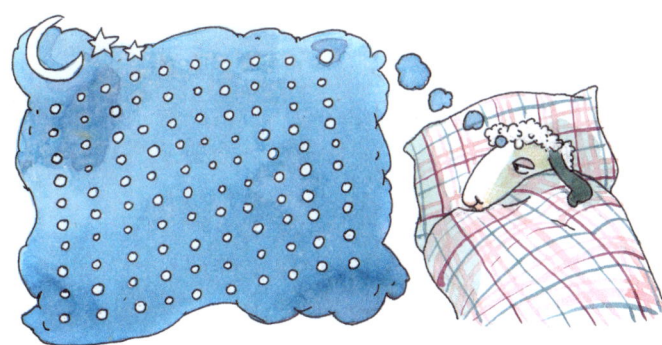

10 · 10 = ____
Nur das Schaf schaut
noch verwundert.

·	1	2	3	4	5	6	7	8	9	10
1										
2										
3										
4										
5										
6										
7										
8										
9										
10										

1 Trage die Ergebnisse in die Einmaleins-Tafel ein.

Aufgabe $7 \cdot 5 =$ _____ $4 \cdot 5 =$ _____ $8 \cdot 5 =$ _____

Tauschaufgabe $5 \cdot 7 =$ _____ $5 \cdot 4 =$ _____ $5 \cdot 8 =$ _____

2 $4 \cdot 10 =$ _____ $3 \cdot 10 =$ _____ $7 \cdot 10 =$ _____ $6 \cdot 10 =$ _____

$10 \cdot 4 =$ _____ $10 \cdot 3 =$ _____ $10 \cdot 7 =$ _____ $10 \cdot 6 =$ _____

3 $8 \cdot 2 =$ _____ $9 \cdot 2 =$ _____ $3 \cdot 2 =$ _____ $7 \cdot 2 =$ _____

$2 \cdot 8 =$ _____ _____ _____ _____

4 Trage die fehlenden Zahlen der 2er-Reihe und die Ergebnisse der jeweiligen Tauschaufgaben in die Einmaleins-Tafel ein.

5 Trage die fehlenden Zahlen der 5er-Reihe und die Ergebnisse der jeweiligen Tauschaufgaben in die Einmaleins-Tafel ein.

6 Trage die fehlenden Zahlen der 10er-Reihe und die Ergebnisse der jeweiligen Tauschaufgaben in die Einmaleins-Tafel ein.

1 Von der Sonnen-Aufgabe zur Nachbaraufgabe.

2 Von der Sonnen-Aufgabe zur Nachbaraufgabe.

5 · 8 = ____ (8 mehr)
6 · 8 = ___

5 · 9 = ____ (9 mehr)
6 · 9 = ___

3 2 · 7 = ____ (____ mehr)
3 · 7 = ___

2 · 8 = ____ (____ mehr)
3 · 8 = ___

4 2 · 4 = ____ (____ mehr)
3 · 4 = ___

2 · 6 = ____ (____ mehr)
3 · 6 = ___

5 3 · 3 = ____ (____ mehr)
4 · 3 = ___

6 · 6 = ____ (____ mehr)
7 · 6 = ___

6 5 · 5 = ____ (____ mehr)
6 · 5 = ___

8 · 8 = ____ (____ mehr)
9 · 8 = ___

7 5 · 4 = ___   5 · 3 = ___   5 · 7 = ___   5 · 8 = ___
6 · 4 = ___   6 · 3 = ___   6 · 7 = ___   6 · 8 = ___

8 2 · 6 = ___   2 · 8 = ___   2 · 9 = ___   2 · 7 = ___
3 · 6 = ___   3 · 8 = ___   3 · 9 = ___   3 · 7 = ___

1

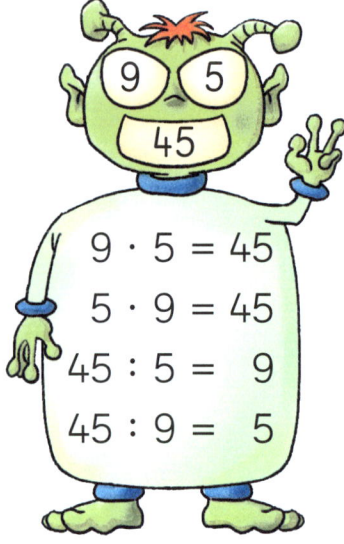

Malduro

Drei Zahlen im Kopf,
vier Aufgaben
im Bauch:
das ist
Malduro.

9
5
45
9 · 5 = 45
5 · 9 = 45
45 : 5 = 9
45 : 9 = 5

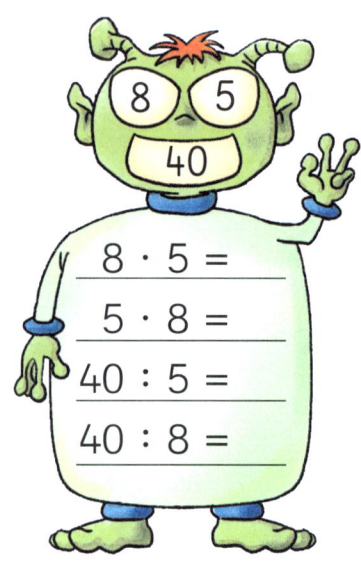

8
5
40
8 · 5 =
5 · 8 =
40 : 5 =
40 : 8 =

2 Wie heißen die vier Aufgaben im Bauch?
Trage zuerst die fehlende Zahl im Mund ein.

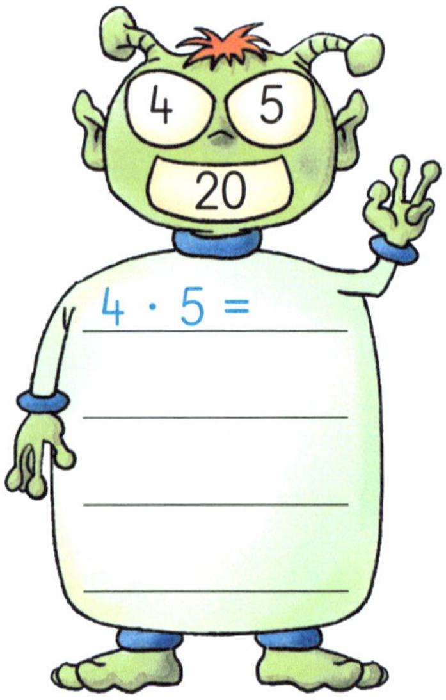
4
5
20
4 · 5 =

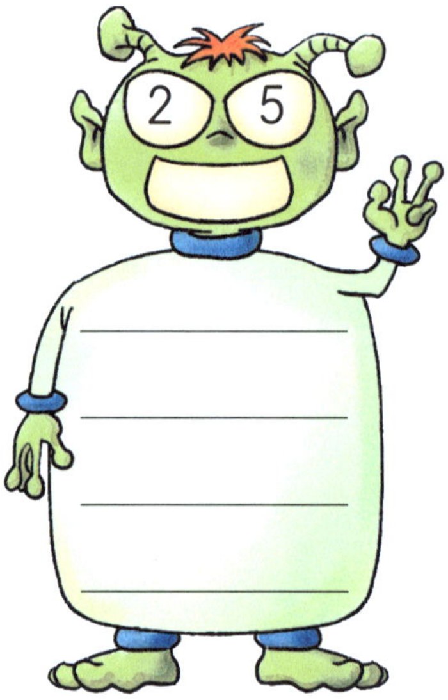
2
5

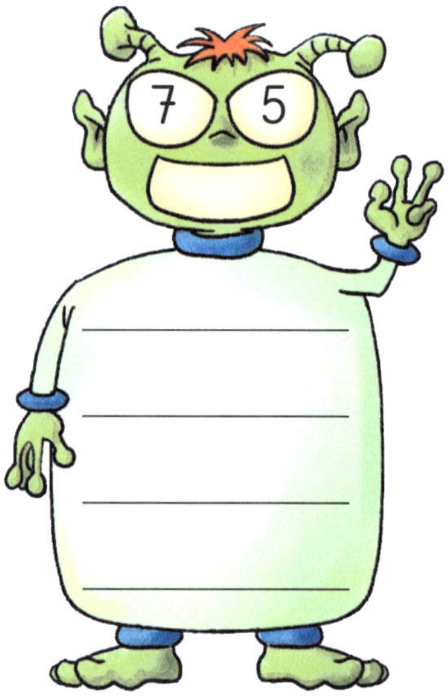
7
5

3

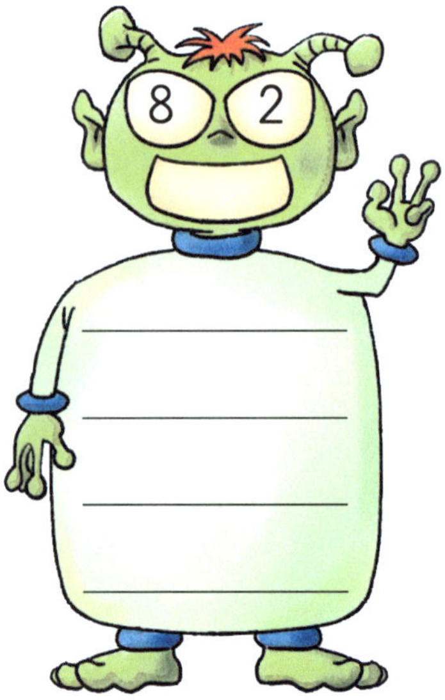
8
2

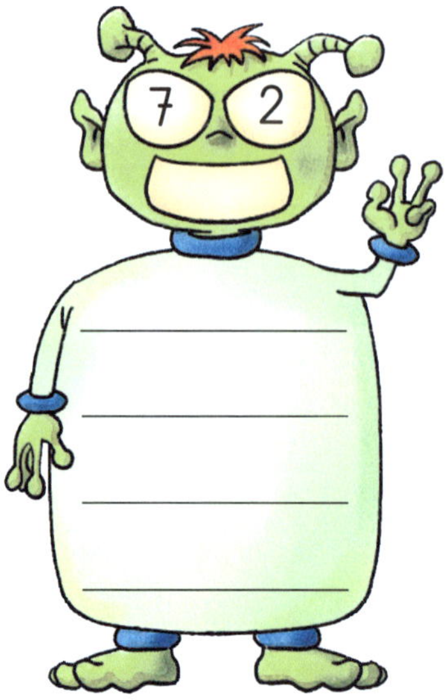
7
2

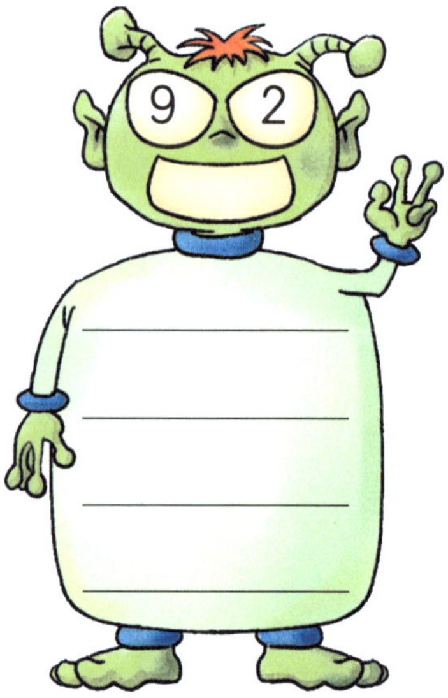
9
2

1 bis 3 Erzählen, welche Aufgaben in den Bauch von Malduro geschrieben werden.

1

6 5

10 5

3 5

2

7 10

9 10

4 10

3 Trage zuerst die fehlende Zahl im Auge ein.
Dann schreibe die vier verwandten Aufgaben.

2
12

5
20

2
20

2 · 2 = _____ ▨   18 : 2 = _____ ▨

6 · 5 = _____ ▨   50 : 5 = _____ ▨

5 · 10 = _____ ▨   90 : 10 = _____ ▨

6 · 2 = _____ ▨   25 : 5 = _____ ▨

5 · 5 = _____ ▨   5 : 5 = _____ ▨

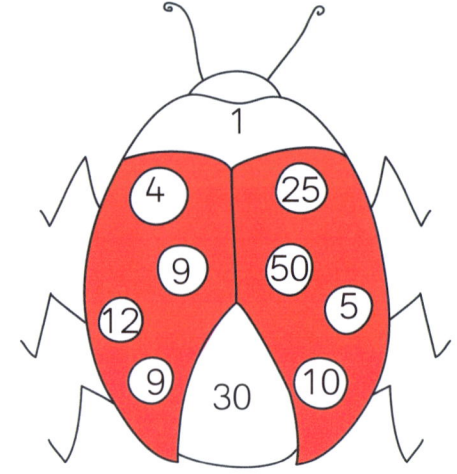

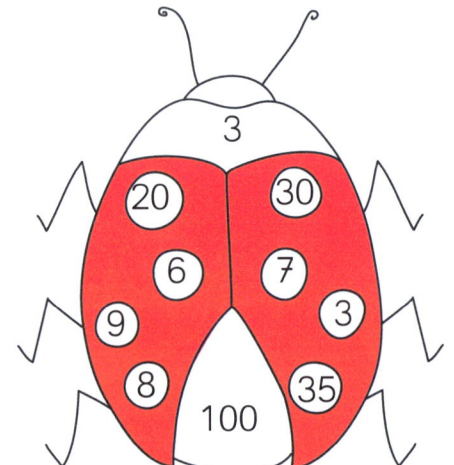

10 · 10 = _____ ▨   45 : 5 = _____ ▨

4 · 5 = _____ ▨   70 : 10 = _____ ▨

3 · 2 = _____ ▨   16 : 2 = _____ ▨

7 · 5 = _____ ▨   30 : 10 = _____ ▨

3 · 10 = _____ ▨   15 : 5 = _____ ▨

7 · 2 = _____ ▨   60 : 10 = _____ ▨

2 · 5 = _____ ▨   35 : 5 = _____ ▨

3 · 10 = _____ ▨   8 : 2 = _____ ▨

4 · 2 = _____ ▨   10 : 5 = _____ ▨

8 · 5 = _____ ▨   100 : 10 = _____ ▨

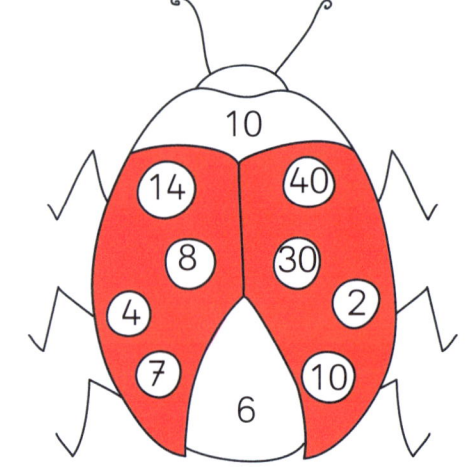

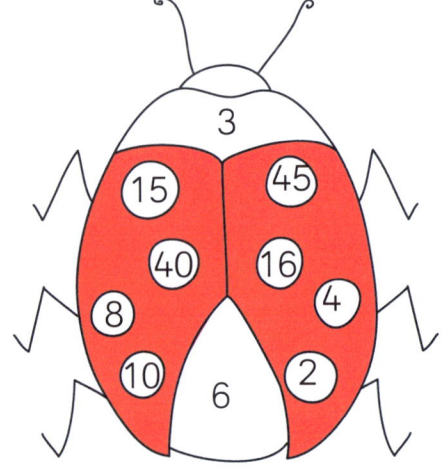

8 · 2 = _____ ▨   6 : 2 = _____ ▨

3 · 5 = _____ ▨   40 : 5 = _____ ▨

4 · 10 = _____ ▨   12 : 2 = _____ ▨

5 · 2 = _____ ▨   4 : 2 = _____ ▨

9 · 5 = _____ ▨   40 : 10 = _____ ▨

Immer zwei Käfer sind gleich gefärbt.

1 Verbinde die Punkte entsprechend der Ergebnisse.
Welches Tier entsteht?

29 •   20 •   • 64

0 •   • 25

2 •   • 90   • 100

3 •   • 1   • 9

17 •   • 50

30 •   49 •   6 •   • 1   • 20

45 •

22 •   60 •   12 •   • 31

• 7   16 •   70 •

15 •   • 37   • 11

• 26

40 •   • 14

28 •   81 •   16 •   36 •

35 •   • 4   8 •

30 •   • 80   • 15   • 9

2

$7 \cdot 7 =$ _____ $6 \cdot 6 =$ _____ $1 \cdot 1 =$ _____

$3 \cdot 2 =$ _____ $2 \cdot 8 =$ _____ $1 \cdot 3 =$ _____

$5 \cdot 9 =$ _____ $10 \cdot 8 =$ _____ $10 \cdot 9 =$ _____

$6 \cdot 2 =$ _____ $5 \cdot 6 =$ _____ $1 \cdot 2 =$ _____

$2 \cdot 8 =$ _____ $7 \cdot 5 =$ _____ $5 \cdot 0 =$ _____

$7 \cdot 10 =$ _____ $9 \cdot 9 =$ _____ $4 \cdot 5 =$ _____

$2 \cdot 7 =$ _____ $8 \cdot 5 =$ _____ $8 \cdot 8 =$ _____

$2 \cdot 2 =$ _____ $5 \cdot 3 =$ _____ $5 \cdot 5 =$ _____

$3 \cdot 3 =$ _____ $10 \cdot 6 =$ _____ $10 \cdot 10 =$ _____

$5 \cdot 3 =$ _____ $10 \cdot 3 =$ _____ $10 \cdot 5 =$ _____

5 · 10 = ____

8 · 10 = ____

6 · 10 = ____

2 · 10 = ____

10 · 10 = ____

3 · 5 = ____

5 · 5 = ____

8 · 5 = ____

7 · 5 = ____

9 · 5 = ____

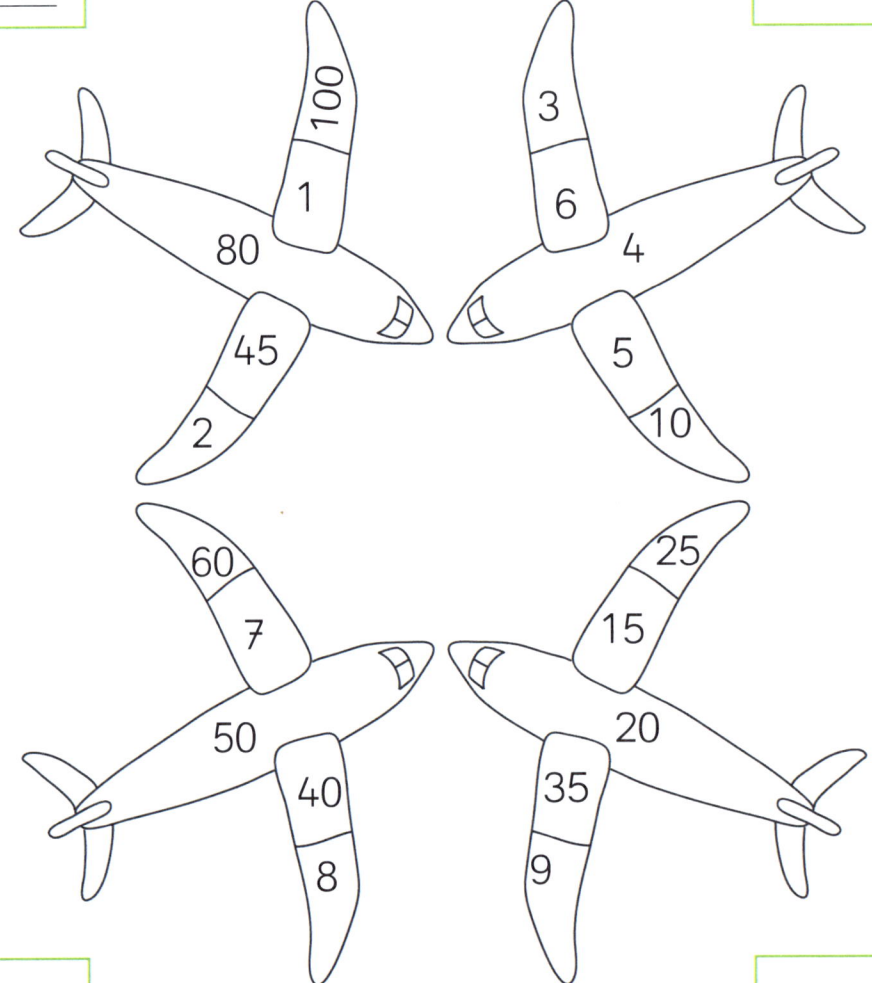

50 : 10 = ____

60 : 10 = ____

90 : 10 = ____

80 : 10 = ____

20 : 10 = ____

5 : 5 = ____

15 : 5 = ____

20 : 5 = ____

35 : 5 = ____

50 : 5 = ____

Zwei Flugzeuge sind gleich gefärbt.